OHRE
WÜRM

Gestaltung: Martina Meier und Andrea Caprez
Lithos: Akeret AG, CH-8600 Dübendorf
Druck und Einband: Proost N.V., B-2300 Turnhout
Printed in Belgium
Copyright © 1996 by Tudor Recording AG, CH-8048 Zürich
Alle Rechte vorbehalten
ISBN-Nr: 3-9521150-2-9

nagel

Papagei und Mamagei
die sind hüt beidi nöd dihei
Si sind gfloge mit em Wind
gits ächt es Papageiechind?

Es stimmt dihei liit ganz elei
es chliises Papageienei
Es rolled hi und rolled her
will Geieneier händ's halt schwer

Papagei und Mamagei
die sind jetzt wieder zrugg dihei
sie mached beid en suure Schtei
will das Ei vom Tisch
abegfloge isch

Nüün Elefante
Stop the Shoppers

Carmen Gomez und Mischa Good

Uf dr Houptstrass da trample nüün grossi Elefante heudehafte alti Herr Schiesst uf se mit eme Zapfgwehr e Buri schmeisst vo mene Acher e Hampflete Chirschichracher Uf dr Houptstrass da trample nüün grossi Elefante vorusse git s e henne Krach, si tschaupe aui Outo flach e verchlüpfti Politesse het vor Angscht i d'Hose gschisse Uf dr

Ohni Znacht is Bett
Schtärneföifi

Lea Huber

Zoowärtermorgelied

Arthur Loosli

Leue, schüttled eui Mähne
Tiger, höret uf so gähne
Bäre, machet nümm der Löli
chrüüchet gleitig us der Höhli
Jaguar, nümm vom Chuehfleisch träume
Fuultier, chlättret ab de Bäume
und verwachet nodisno

D'Nacht isch verbii, der Morgen isch do

Elefante, schwinget d'Rüssle
Wildsöi, zu de Zmorgeschüssle
Murmeltierli, machet s'Männli
Hirsche, chömed us de Tännli
Seehünd, schwümmet schnäll e Rundi
Pinguin, machet es paar gsundi
Gümp und bliibet nid so schtoh

D'Nacht isch verbii, der Morgen isch do

Ufschtoh, alli Antilope
Puma, lüpfed eui Tope
Zebra, putzet eui Schtreife
do hets Bürschten und e Seife
Affe, nümm am Füdli chratze
luuset gschiider eui Glatze
dass dir euch chönnt luege loh

D'Nacht isch verbii, der Morgen isch do

Patrick, Fritzli und Natascha
legged eu jetzt aber rasch a
Röbi, Rosmarie und Gschpäänli -
putzed sofort eui Zähnli
Pascal, dänk a diini Söckli -
Buebe, ässet eui Flöckli
i zäh Minute müender goh

D'Nacht isch verbii, der Morgen isch do

Lukas, Chaschper, us de Fädre -
ghöreter de Wecker tschädre?
Was? No länger pfuuse weiter? -
s'bliibt halt bis am Zähni heiter
s'wird defür au früecher heller -
schlofet eifach e chli schneller
wenn der ech Müeh gänd, goht das scho

D'Nacht isch verbii, der Morgen isch do

Einegeligi Riisnegeli
Pfannestil Chammer Sexdeet

Yves Netzhammer

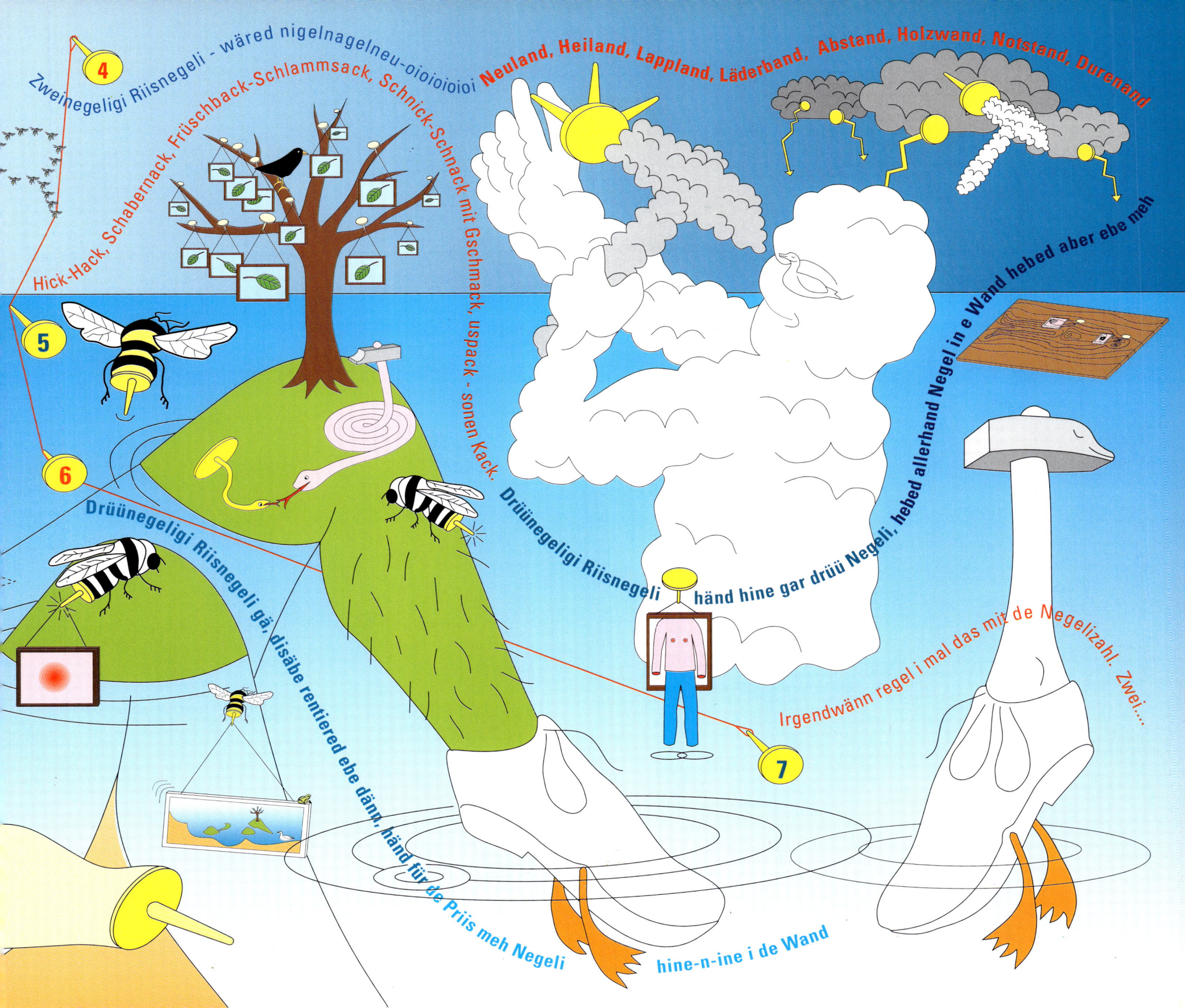

Zig-Zag
The Jellyfish Kiss

Andrea Caprez

Zügle
Kuno Lauener

Noyau

Wer chochet hüt?
Michael von der Heide

Anna Sommer

Wer chochet hüt,
wer chochet hüt?
de Balz, de Balz.
Was chocht er dänn,
was chocht er dänn?
Würscht us Ohreschmalz

Wer chochet hüt,
wer chochet hüt?
s'Mareili, s'Mareili
Was chocht sie dänn,
was chocht sie dänn?
Nasebööggebreili

Wer chochet hüt,
wer chochet hüt?
s'Gretli, s'Gretli
Was chocht sie dänn,
was chocht sie dänn?
Pipigaggibrötli

Ja säg emal,
ja säg emal,
wer söll das alles ässe?
s'Mami en Löffel,
de Papi en Löffel
und de Reschte
frisst de Stöffel

Land vo de Träum
Vera Kaa

Ossi Möhr

I de Nacht wänns dunklet
dänn gasch du miis Chind
ines bsundrigs Land
wo alli Fründe sind

D'Bäre und d'Chatze
d'Leue und d'Schpatze
und de chli Elefant
die sind alli i dem Land

Sune Mond und Schtärne
lüüchtet dir de Wäg
am Morge wänn's dänn hell wird,
bin ich immer no bi dir

I de Nacht wänns dunklet
dänn gasch du miis Chind
ines Zauberland
wo luuter Träumer sind

Meitli und Buebe
wo alli tüend ruebe
e Geiss und es Schaf
die sind au det im Schlaf

Well d'Tier und d'Mänsche
alli mitenand
die gönd i de Nacht,
wänn de Mond schiint
is Land vo de Träum und de Märli
schlaf ii i dim Bett
und wänn ich dänn au schlaf
dänn triff ich dich det

Sune Mond und Schtärne
lüüchtet dir de Wäg
am Morge wänn's dänn hell wird,
bin ich immer no bi dir

Walfisch und Delphin
Bäre und Pinguin
e Geiss und es Schaf
die sind au det im Schlaf

Weisch, well d'Tier und
d'Mänsche alli mitenand
die gönd i de Nacht,
wänn de Mond schiint
is Land vo de Träum und de Märli
schlaf ii i dim Bett
und wänn ich dänn au schlaf
dänn triff ich dich det

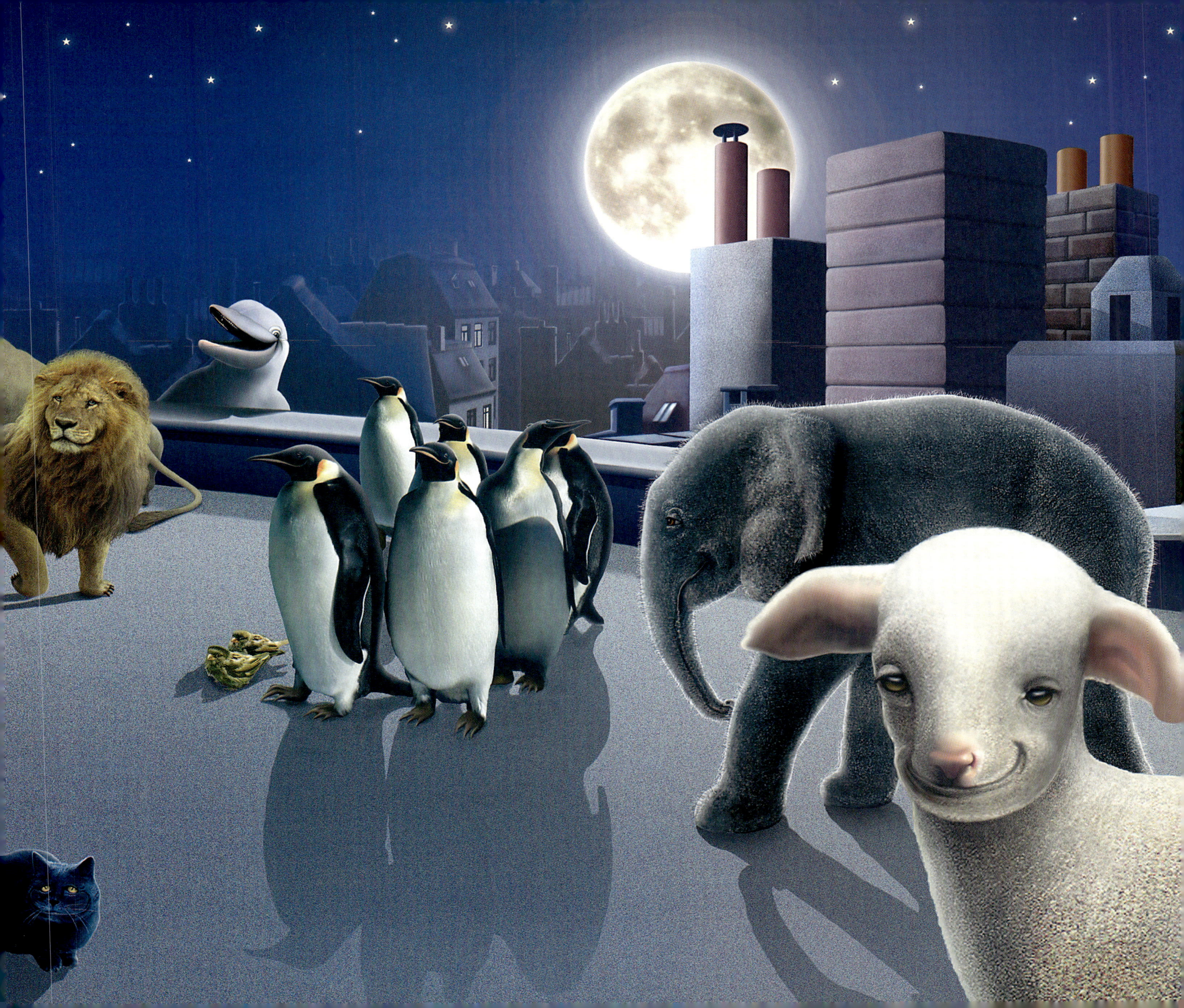

Hilli Billi
Les Reines Prochaines

Les Reines Prochaines und Tobias Madörin

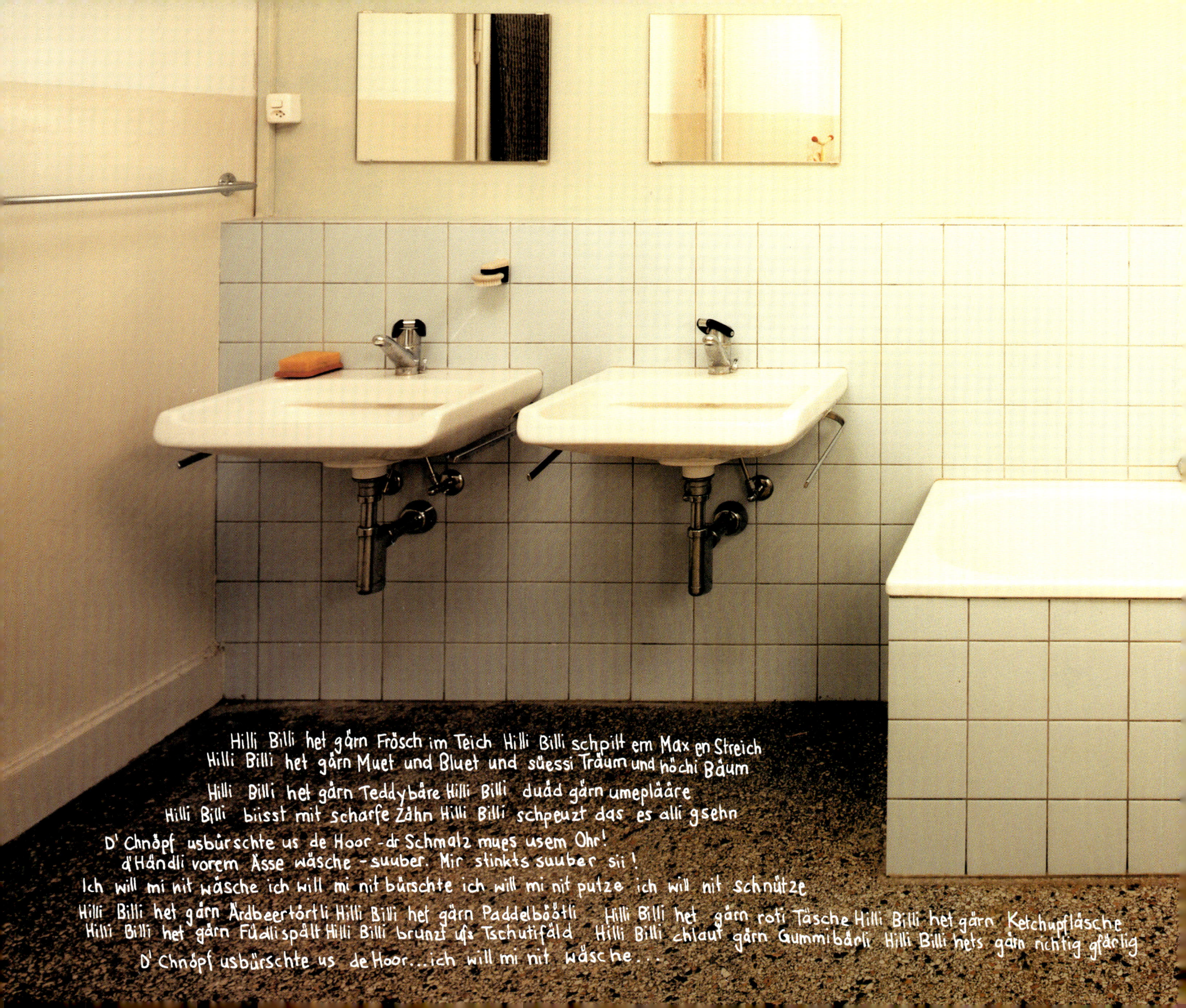

Hilli Billi het gärn Frösch im Teich Hilli Billi schpilt em Max en Streich
Hilli Billi het gärn Muet und Bluet und süessi Träum und höchi Bäum
Hilli Billi het gärn Teddybäre Hilli Billi duäd gärn umeplääre
Hilli Billi biisst mit scharfe Zähn Hilli Billi schpeuzt das es alli gsehn
D' Chnöpf usbürschte us de Hoor -dr Schmalz mues usem Ohr!
d'Händli vorem Ässe wäsche - suuber. Mir stinkts suuber sii!
Ich will mi nit wäsche ich will mi nit bürschte ich will mi nit putze ich will nit schnütze
Hilli Billi het gärn Ärdbeertörtli Hilli Billi het gärn Paddelböötli Hilli Billi het gärn roti Täsche Hilli Billi het gärn Ketchupfläsche
Hilli Billi het gärn Füdlispält Hilli Billi brunzt ufs Tschutifäld Hilli Billi chlaut gärn Gummibärli Hilli Billi hets gärn richtig gfärlig
D' Chnöpf usbürschte us de Hoor...ich will mi nit wäsche...

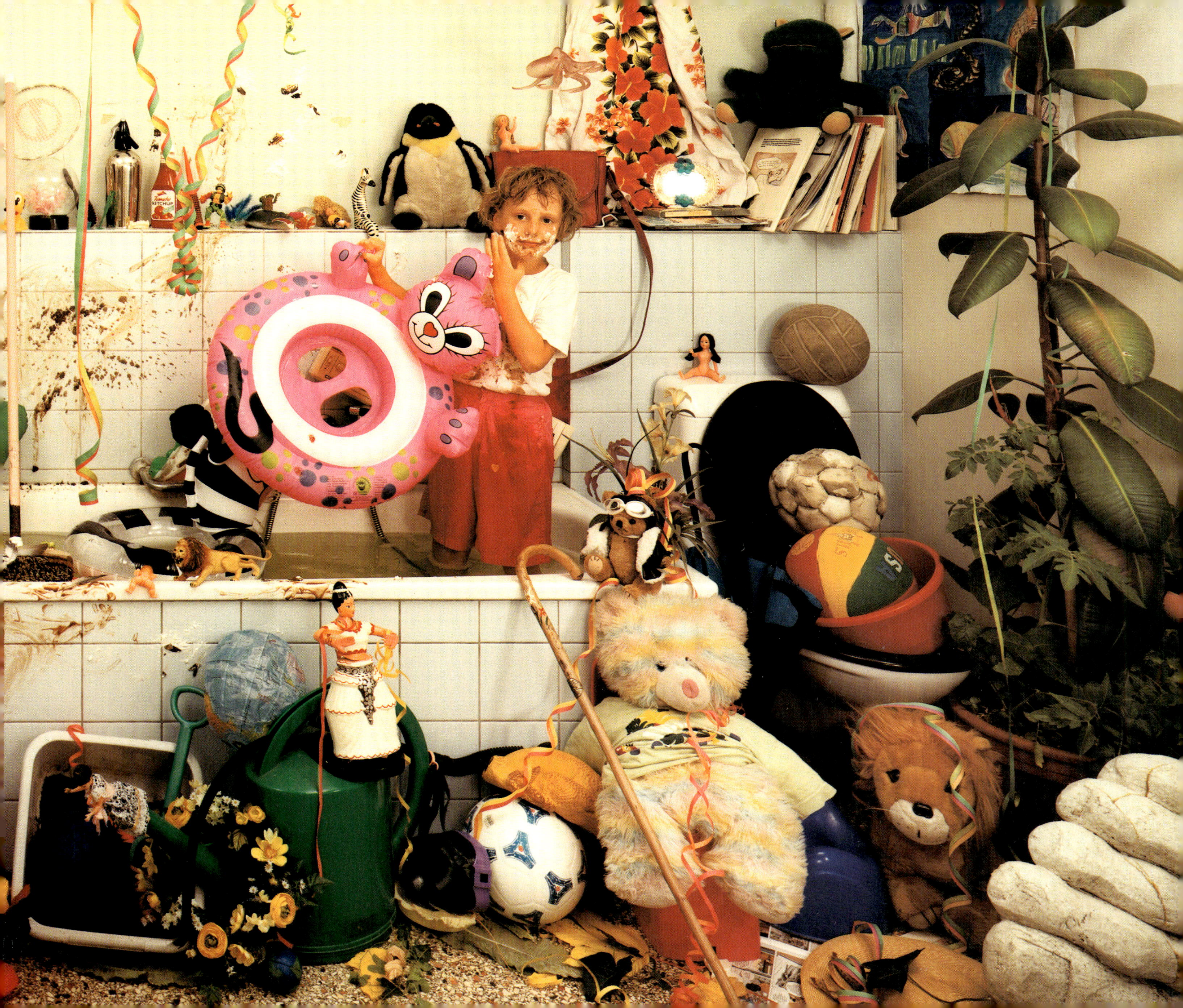

Bravo Hugo
Koni Boller und Sylla Biberli

Chrigel Farner

ZWEI RAUBER SIND IN WALD IE GRÄNNT
MIT SCHWARZE HÜET DASS ES NIEMERT KÄNNT
SI HÄND AM GROSI DE GUMMIBAUM KLAUT
SI HÄND EN GFRÄSSE UND SCHO FASCHT VERDAUT

ABER DÄNN ISCH ZUM GLÜCK
DÄ HÄT DIE RÄUBER A DE N'O
ER HÄT DE GUMMIBAUM AM GRO
S'HÄT E CHÖIGUMMISUPPE GG

ABER DÄNN ISCH ZUM GLÜCK DE HUGO CHO
DÄ HÄT DIE FAHNESCHTANGE MIT I D'CHUCHI GNO
ER HÄT SI KOCHET WIE SPAGHETTI UND ESO
HÄND SICH D'SCHLANGE WIEDER GRINGLET WIE IM ZOO

BRAVO
BRAVO
BRAVO
HUGO

D'SEERÄUBER HÄND MIT MÄSSE
USEM GOLDFISCHTEICH DE G
ZMITZT I
DE SEER

DE HUGO CHO	BRAVO	EN BÖSE MAA ISCH IN ZOO IE GGANGE
HRE GNO	BRAVO	HÄT SIBE GIFTIGI SCHLANGE GFANGE
SI ZRUGG BRACHT	BRAVO	ER HÄTS ZÄMEGLIIMT MIT ERE LANGE ZANGE
ÄH ZUM ZNACHT	HUGO	UND DÄNN HÄT ER'S VERCHAUFT ALS FAHNESCHTANGE

R UND PISCHTOLE
OLDFISCH GSCHTOLE
DE NACHT SINDS EN GO HOLE
ÄUBERKAPITÄN HÄTS BEFOHLE

ABER DÄNN ISCH ZUM GLÜCK DE HUGO CHO
ER HÄT DE SEERÄUBER DE GOLDFISCH WÄGGNOH
ALLERDINGS DASMAL OHNI GWALT
ER HÄT 100 SILBERFISCHLI ZÄHLT

D'Mejgja

Bubbletown

Karoline Schreiber

Äs ischt emal
en Mejgja gsi
wa immer glachut het
vam Morge Früeh
bis em Abend schpat
und öi no
z'Nacht im Bett

Und we me düe
d'Mejgja gfräget het
"Was lachischt öi eso?"
Hetsch wiiter glachet
und het gseit
"Ich bi halt immer froh!"

Die Mejgja het der ganz Zyt und uberall glachet.
Scho am Morge bim Windle tüsche
bim Schoppe triiche
hetsch schi emal fascht verschlickt
uberall: uf em Schpilplatz, im Auto, im Zug
bim Docktor wesch e Schpritza ins Fiddla kriegt het
i der Furka Oberalp Bahn
uf em Velochindersitz
und sogar wesch der Chopf am Chuchitisch
agschlage het.

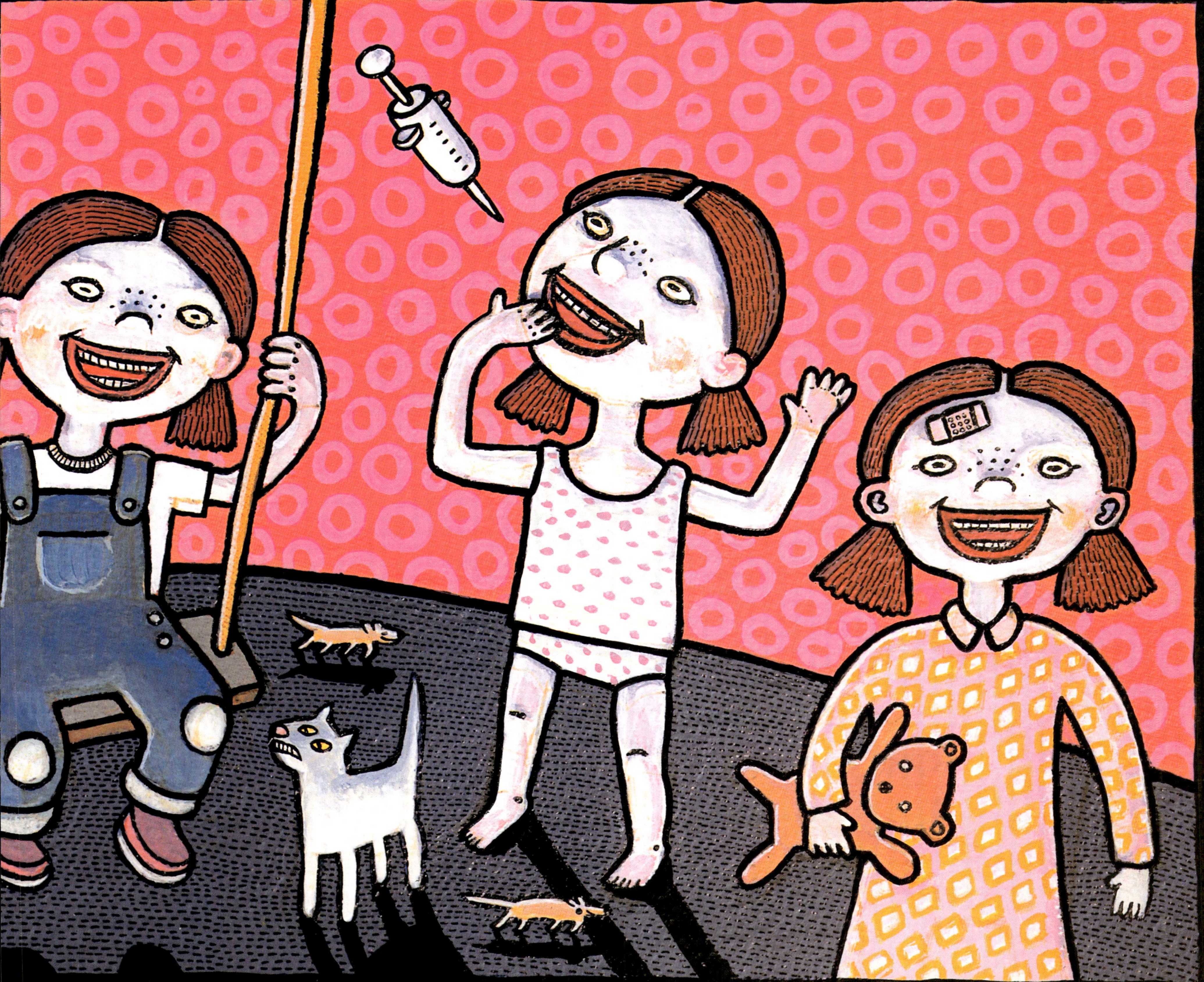

Wääk! Chuttle!

Corin Curschellas

Pierre Thomé

Da liget's wieder uf em Chuchitisch
es sind kei Poulet aber au kei Fisch
luegsch es aa und plötzli weisch, das sind Chuttle!
Wääk! Da gruuset's jedes Chind

wääk!

wääk!

D'Chuttle schliiched z'nacht dur dini Träum
ufem Schuelwäg hänket's vo de Bäum
i de Pause chrüüchet's usem Thek
und schlüüfed dir i d'Turnschue ine, wääk!

WÄÄK!

Wääk!

Im Summer schwümmed's im Swimmingpool
tauchsch uf - und häsch das Züüg im Muul
im Winter schpicked's gfrore usem Schnee
diräkt uf dini Nase, das tuet weh!

Und wieder emal schliichsch dich an Chuchitisch
gsehsch kei Poulet, aber au kei Fisch
und au kei Chuttle, aber ufem Büffe schtaht
e riisegrossi Schüssle mit Spinat!

Guet Nacht
Fischhohl

Oskar Weiss

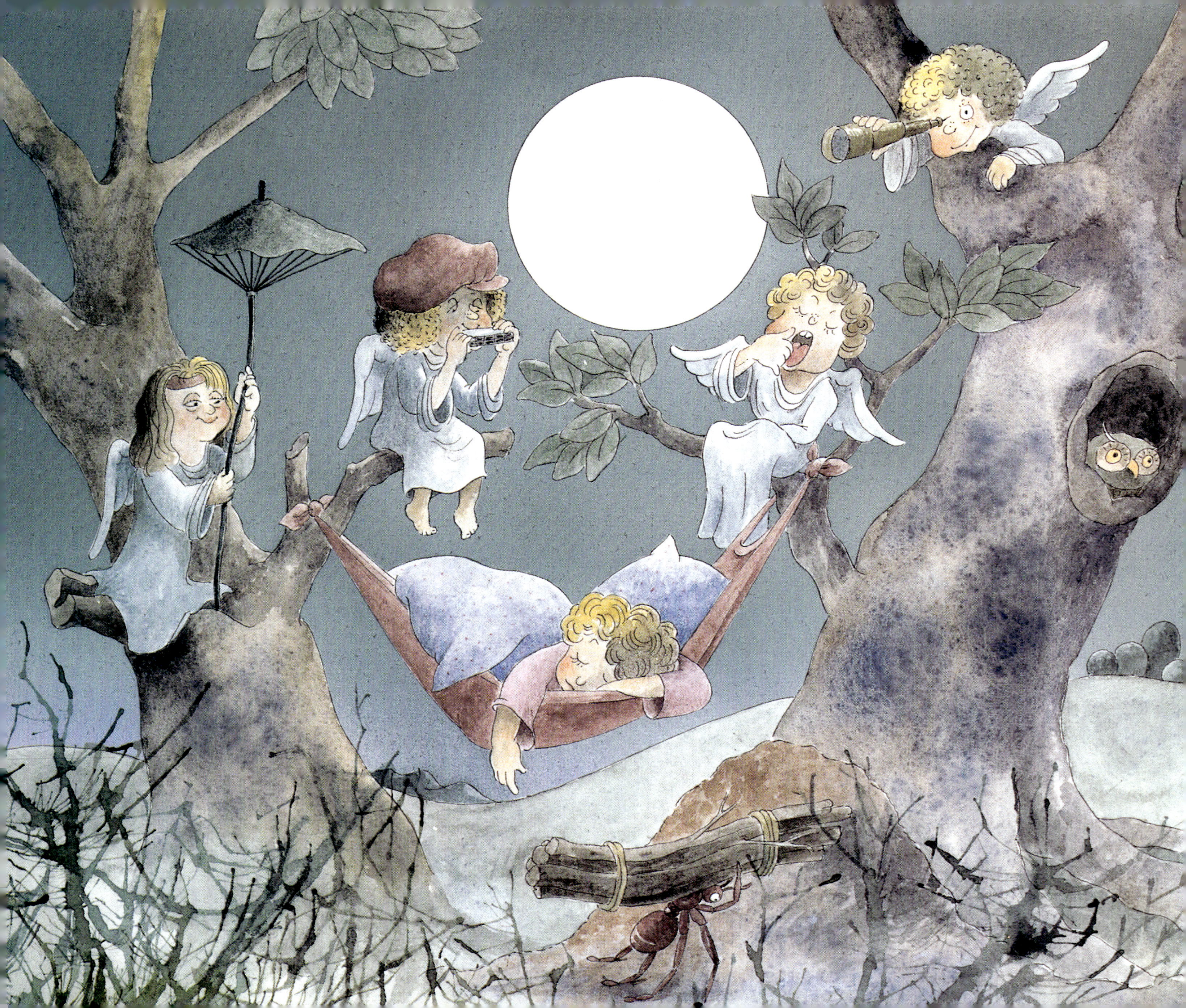

Chumm, Amäisli, chumm,
Bisch gnueg fliissig gsi.
Drum, Amäisli, drum
Rueb doch jetzt e chli.

Summ, liebs Biinli, summ
E fiini Melodii.
Süess, liebs Biinli, summ
Wird dis Träumli sii.

Bumm, Murmeli, bumm
Böbberlet s i dinere Bruscht.
Schnarch, Murmeli, schnarch
Ruehig nach Herzensluscht.

Blas, Glüehwürmli, blas
Dis Laternli uus.
Leg dis Chöpfli is Gras –
Pfuus, Glüehwürmli, pfuus.

Schlaf, mis Mänschli, schlaf.
Ängel halted Wacht.
Alls macht d'Auge zue,
Heb käi Angscht hüt Znacht.

Schlaf, mis Mänschli, schlaf
Heb käi Angscht hüt Znacht.

Dieses Buch gehört:

Papagei und Mamagei
Dodo Hug
Musik: Dodo Hug und Efisio Contini
Text: Micha Lewinsky
Bild: Giuseppe Reichmuth

Nüün Elefante
Stop the Shoppers
Musik und Text: Beat Schmidhauser
Bild: Carmen Gomez und Mischa Good

Ohni Znacht is Bett
Schtärneföifi
Musik: Traditionell (Arr.: Schtärneföifi)
Text: Boni Koller
Bild: Lea Huber

Zoowärtermorgelied
Franz Hohler
Musik und Text: Franz Hohler
Bild: Arthur Loosli

Einegeligi Riisnegeli
Pfannestil Chammer Sexdeet
Musik und Text: Res Wepfer
Bild: Yves Netzhammer

Zig-Zag
The Jellyfish Kiss
Musik: Andrea Caprez
Text: Christoph Schuler
Bild: Andrea Caprez

Zügle
Kuno Lauener
Musik: Micha Lewinsky
Text: Franz Hohler
Bild: Yves Nussbaum "Noyau"

Wer chochet hüt?
Michael von der Heide
Musik: Michael von der Heide
Text: Christoph Schuler
Bild: Anna Sommer

Land vo de Träum
Vera Kaa
Musik: Greg Galli
Text: Vera Kaa und Micha Lewinsky
Bild: Ossi Möhr

Bravo Hugo
Koni Boller und Sylla Biberli
Musik: Sybille Aeberli und Boni Koller
Text: Boni Koller
Bild: Chrigel Farner

Hilli Billi
Les Reines Prochaines
Musik und Text: Les Reines Prochaines
Bild: Les Reines Prochaines und Tobias Madörin

D'Mejgja
Bubbletown
Musik und Text: Erika Stucky
Bild: Karoline Schreiber

Wääk! Chuttle!
Corin Curschellas
Musik: Corin Curschellas
Text: Christoph Schuler
Bild: Pierre Thomé

Guet Nacht
Fischhohl
Musik und Text: René Fisch und Felix Hohl
Bild: Oskar Weiss